Santa Rita de Cássia
Novena e biografia

J. Alves

Santa Rita de Cássia

Novena e biografia

Paulinas

Citações bíblicas: *Bíblia Sagrada* – tradução da CNBB, 2ª ed., 2002.

Editora responsável: Celina Weschenfelder
Equipe editorial

13ª edição – 2014
7ª reimpressão – 2023

Nenhuma parte desta obra poderá ser reproduzida ou transmitida por qualquer forma e/ou quaisquer meios (eletrônico ou mecânico, incluindo fotocópia e gravação) ou arquivada em qualquer sistema ou banco de dados sem permissão escrita da Editora. Direitos reservados.

Cadastre-se e receba nossas informações
www.paulinas.com.br
Telemarketing e SAC: 0800-7010081

Paulinas

Rua Dona Inácia Uchoa, 62
04110-020 – São Paulo – SP (Brasil)
📞 (11) 2125-3500
✉ editora@paulinas.com.br

© Pia Sociedade Filhas de São Paulo – São Paulo, 2003

Introdução

Santa Rita sempre foi conhecida por seus devotos como a santa das causas impossíveis, a advogada nos casos graves e desesperadores, o refúgio na última hora, a consoladora dos aflitos etc.

Em 1727, o Papa Bento XIII permitiu que lhe fosse dedicada uma igreja no Rio de Janeiro, o que a tornou uma das santas mais populares do Brasil. Contudo, sua canonização só foi concedida em 24 de maio de 1900, por Leão XIII. Hoje são muitas as capelas e igrejas dedicadas a ela no Brasil, e seus devotos já contam milhares de pessoas.

Embora tenha vivido em uma época muito diferente da nossa, os problemas que ela enfrentou e superou, infelizmente, ainda continuam afetando a vida de muitas famílias e podem ser resumidos em uma palavra: violência. Velada ou explícita, a violência desgasta as relações de casais que não se toleram mais, de pais e filhos que não se entendem, de pessoas que se entregam ao ódio e à vingança.

Ao longo desta novena, somos convidados a conhecer brevemente a história da santa das causas impossíveis e invocá-la por meio das orações sugeridas neste devocionário.

Quem foi e como viveu Santa Rita

Santa Rita nasceu em 1381, em Rocaporena, e morreu em 1457, em Cássia, cidades da Itália. Filha única de Antônio Mancini e Amata Ferri, foi batizada em Cássia, com o nome de Margarida. Segundo a tradição, seus pais, já idosos, eram considerados "promotores da paz em Cristo" na luta política e familiar entre guelfos (fiéis ao Papa) e gibelinos (antipapistas), que disputavam acirradamente o poder em Rocaporena e Cássia.

Aos 15 anos, Rita casou-se a contragosto com o jovem Paulo Fernando, de temperamento violento e temido por todos no vilarejo. Após ficar viúva e sem os filhos, Rita entrou para o convento das agostinianas, onde por quarenta anos viveu imersa em oração e penitência. Nos últimos quinze anos de sua vida, trouxe em sua fronte o estigma de Cristo, o que a associou intimamente aos mistérios da paixão, morte e ressurreição de Jesus.

PRIMEIRO DIA

Santa Rita: amada e instruída por Deus desde a juventude

Em nome do Pai, do Filho e do Espírito Santo. Amém.

Oração inicial

Ó Santa Rita, vós que fostes amada e instruída por Deus desde a juventude e humildemente vos deixastes conduzir por sua divina sabedoria, fazei que, ao longo da vida, possamos nos entregar totalmente a ele. Ó Santa Rita, que desde pequena depositastes vossa confiança inabalável no Senhor, sois uma graça de Deus para nós, pois, quando estamos com problemas e até mesmo desiludidos com a vida, meditando vossa vida, compreendemos que somos amados por Deus desde sempre e para sempre. E, se estamos com Deus, tudo é possível, até mesmo as coisas que nos parecem impossíveis. Amém. (*Momento de silêncio para colocar as intenções pessoais, familiares e comunitárias.*)

Conhecendo Santa Rita

Santa Rita provém de uma modesta família de camponeses de Rocaporena, pequeno povoado próximo de Cássia, na Úmbria (Itália). Seu nascimento foi para seus pais um milagre, pois eram bastante idosos quando realizaram o sonho quase impossível de ter um filho. Recebeu o nome de Margarida (*Margherita*, em italiano), do qual originou Rita de Cássia, como é popularmente conhecida no mundo inteiro.

Desde criança, sucederam-se os prodígios que a atestaram ser amada e querida por Deus. Segundo a tradição, seu nascimento foi predito por um anjo e é de todos conhecido também o episódio das abelhinhas brancas que a acompanharam do berço até a morte, ou das rosas e dos figos que floresciam em pleno inverno, prenunciando a santidade de sua vida, santidade esta confirmada não apenas por seu corpo incorruptível, conservado até hoje no Santuário de Cássia, mas também pelos numerosos e incessantes milagres que Deus tem realizado desde a sua morte até os nossos dias.

Leitura bíblica

"Tu me instruíste, ó Deus, desde a minha juventude e ainda hoje proclamo os teus prodígios. E agora, na velhice, de cabelos brancos, Deus, não me abandones, até que eu anuncie teu poder, as tuas maravilhas a todas as gerações que virão" (Sl 71[70],17-18).

Reflexão

1. Que significa para você se deixar instruir por Deus?

2. De que maneira podemos anunciar as maravilhas de Deus?

Oração final

Ó Santa Rita, advogada das causas urgentes, socorro para os casos desesperados, eis aos vossos pés uma pessoa amargurada que precisa do vosso auxílio e proteção. Não permitais que eu tenha de me afastar de vós sem ser atendido(a). Se houver algum obstáculo que me impeça de obter a graça que imploro, auxiliai-me para que o afaste. Pelos méritos de Jesus, alcançai-me hoje a graça de que tanto necessito (*fazer o pedido*). Amém.

Pai-Nosso, Ave-Maria, Glória-ao-Pai.

Santa Rita, advogada dos casos impossíveis, rogai por nós.

SEGUNDO DIA

"Meu auxílio vem do Senhor, que fez o céu e a terra"

Em nome do Pai, do Filho e do Espírito Santo. Amém.

Oração inicial

Ó Santa Rita, vós que, em obediência aos pais, deixastes de lado o sonho mais caro de vos tornar religiosa e assumistes com amor a vida de esposa, mãe e dona de casa, fazei-nos descobrir que o segredo da felicidade é realizar com amor e dedicação as pequenas coisas. Vós que, em meio a frustrações e desilusões, vos deixastes conduzir por Deus, dai-nos serenidade para que possamos impulsionar nossa vida e reconstruí-la no amor e na sincera vontade de agradar a Deus e servir o próximo. Afastai, pois, para longe de nós e de nossa família o desânimo, a falta de fé e de confiança na Providência Divina. E que, como vós, nós possamos dar glória ao Senhor, que sempre nos ouve e nos socorre. Amém. (*Momento de silêncio para colocar as intenções pessoais, familiares e comunitárias.*)

Conhecendo Santa Rita

Rita viveu grande parte de sua vida em Rocaporena e somente depois que ficou viúva foi para Cássia, onde passou a viver no Convento de Santa Maria Madalena, hoje Mosteiro Santa Rita de Cássia. As duas localidades ficam na Úmbria, região de ilustres santos italianos, como São Bento, São Francisco e Santa Clara de Assis, Santa Clara de Montefalcone, entre outros. Era, pois, natural que, diante de tão insignes exemplos de santidade, ela também se sentisse atraída desde a adolescência à vida consagrada.

Esse sonho, entretanto, foi interrompido pelo casamento a ela imposto pelos venerados pais, que queriam vê-la amparada e protegida ao lado de um homem. Casada com Paulo Fernando, padecia de agressões físicas e morais. Após anos de sofrimento, oração e extrema paciência, para alívio de todos no vilarejo, Paulo Fernando mudou de vida, tornando-se respeitoso e amoroso para com ela e os filhos. Deus havia realizado o que parecia impossível: tornar manso e humilde um coração obstinado.

Leitura bíblica

"Meu auxílio vem do Senhor, que fez o céu e a terra. Não deixará teu pé vacilar, aquele que te guarda não dorme. Não dorme, nem cochila o vigia de Israel. O Senhor é o teu guarda, o Senhor é como sombra que te cobre, e está à tua direita. O Senhor vai te proteger quando sais e quando entras, desde agora e para sempre" (Sl 121[120],2-5.8).

Reflexão

1. Você está convencido(a) da força de Deus em nossa vida?

2. Você conhece situações semelhantes a essas vividas por Santa Rita?

Oração final

Ó Santa Rita, advogada das causas urgentes, socorro para os casos desesperados, eis aos vossos pés uma pessoa amargurada que precisa do vosso auxílio e proteção. Não permitais que eu tenha de me afastar de vós sem ser atendido(a). Se houver algum obstáculo que me impeça de obter a graça que imploro, auxiliai-me para que o afaste. Pelos méritos de Jesus, alcançai-me hoje a graça de que tanto necessito (*fazer o pedido*). Amém.

Pai-Nosso, Ave-Maria, Glória-ao-Pai.
Santa Rita, advogada dos casos impossíveis, rogai por nós.

TERCEIRO DIA

Santa Rita: esposa, mãe e viúva, evangelizadora do lar

Em nome do Pai, do Filho e do Espírito Santo. Amém.

Oração inicial

Ó Santa Rita, vós que enfrentastes a violência e a discórdia em vossa própria casa, mas com oração e paciência conseguistes restabelecer a paz e a harmonia, dai-nos a graça de cumprir com fidelidade a difícil missão de sermos evangelizadores da paz em nossos lares. Vós que soubestes ouvir, aceitar e tolerar as diferenças e despertar bons sentimentos no coração de vossa família, ensinai-nos a descobrir também a riqueza interior das pessoas e ajudá-las a revelar os sentimentos de bondade e generosidade que muitas vezes se escondem em forma de agressividade e falta de diálogo. Ó Santa Rita, se por ventura nos sentirmos impotentes diante do ódio e da violência, intercedei junto a Deus para que abrande nossos corações e nos devolva a paz. Amém. (*Momento de silêncio para colocar as intenções pessoais, familiares e comunitárias.*)

Conhecendo Santa Rita

Em sua vida não houve prodígios nem milagres, a não ser o da fé. Com heroísmo, Rita buscou manter a paz e a harmonia em seu lar e no vilarejo em que morava, continuamente ameaçado pela violência e desrespeito.

Ao longo de dezoito anos, ela cumpriu as rotinas de dona de casa e da boa vizinhança, enfrentando com paciência os atropelos de uma vida familiar conturbada por um marido que lhe causava muitos problemas. Contudo, a confiança em Deus sustentou sua luta até que a paz fosse restabelecida definitivamente em seu lar. Entretanto, quando seu marido se converteu, foi violentamente assassinado, causando grande dor em Rita. Mais uma vez, ela cravou os joelhos no chão, passando noites adentro em oração, suplicando que Deus tivesse misericórdia dela e dos filhos.

Leitura bíblica

"Senhor, Deus meu salvador, diante de ti clamei dia e noite. Chegue à tua presença minha oração, presta atenção ao meu lamento. Pois estou saturado de desgraças, minha vida está perto do túmulo" (Sl 88[87],2-4).

Reflexão

1. O que podemos fazer pela paz e concórdia em nossos lares? O que Santa Rita nos ensina?

2. Releia em silêncio a passagem bíblica anteriormente citada e procure interiorizar a frase que mais o(a) tocar.

Oração final

Ó Santa Rita, advogada das causas urgentes, socorro para os casos desesperados, eis aos vossos pés uma pessoa amargurada que precisa do vosso auxílio e proteção. Não permitais que eu tenha de me afastar de vós sem ser atendido(a). Se houver algum obstáculo que me impeça de obter a graça que imploro, auxiliai-me para que o afaste. Pelos méritos de Jesus, alcançai-me hoje a graça de que tanto necessito (*fazer o pedido*). Amém.

Pai-Nosso, Ave-Maria, Glória-ao-Pai.

Santa Rita, advogada dos casos impossíveis, rogai por nós.

QUARTO DIA

Santa Rita: exemplo heroico de perdão

Em nome do Pai, do Filho e do Espírito Santo. Amém.

Oração inicial

Ó Santa Rita, vós que alcançastes de Deus o dom da reconciliação, fazei que também nós, pela graça divina, perdoemos a quem nos feriu. Intercedei junto a Deus por nós, para que desarme nosso orgulho e prepotência, desembarace as amarras do ódio e da vingança, abrande nosso coração e nos liberte da tristeza de não saber e de não querer perdoar. Ensinai, Santa Rita, o perdão em nossos lares, assim haveremos de conhecer a verdadeira paz que vem do Espírito Santo, o qual continuamente nos chama à reconciliação e à comunhão com Deus e com o próximo. Amém. (*Momento de silêncio para colocar as intenções pessoais, familiares e comunitárias.*)

Conhecendo Santa Rita

Não é fácil perdoar e esquecer para sempre uma ofensa. Santa Rita, como muitos de nós, conheceu tudo isso e muito mais, quando sofreu a dor e a revolta pela morte do marido. Ela o havia convencido a tornar-se um homem de bem e de paz. Ele que, tantas vezes, como guardião do vilarejo, fora uma ameaça a ela, aos filhos e demais habitantes, pagou com o próprio sangue o preço da conversão. O trágico acontecimento fez com que Rita redobrasse sua súplica a Deus, pedindo-lhe a graça heroica de ela e os filhos perdoarem os assassinos. E Deus concedeu-lhe o dom do perdão, mas os filhos queriam vingar-se. Foi então que, horrorizada e impotente diante da possibilidade de os filhos se tornarem criminosos, Rita pediu a Deus que os tomasse para si antes que eles manchassem de sangue as mãos. E Deus ouviu sua prece, levando seus filhos e deixando-a só.

Leitura bíblica

"Amai os vossos inimigos e fazei o bem aos que vos odeiam. Falai bem dos que falam mal de vós e orai por aqueles que vos caluniam. Assim como desejais que os outros vos tratem, tratai os do mesmo modo. Se amais somente aqueles que vos amam, que generosidade é essa? Até os pecadores amam aqueles que os amam" (Lc 6,27b-28.31-32).

Reflexão

1. Santa Rita conseguiu perdoar seus inimigos. Qual o seu segredo?

2. Para você, é possível receber e conceder o perdão?

Oração final

Ó Santa Rita, advogada das causas urgentes, socorro para os casos desesperados, eis aos vossos pés uma pessoa amargurada que precisa do vosso auxílio e proteção. Não permitais que eu tenha de me afastar de vós sem ser atendido(a). Se houver algum obstáculo que me impeça de obter a graça que imploro, auxiliai-me para que o afaste. Pelos méritos de Jesus, alcançai-me hoje a graça de que tanto necessito (*fazer o pedido*). Amém.

Pai-Nosso, Ave-Maria, Glória-ao-Pai.

Santa Rita, advogada dos casos impossíveis, rogai por nós.

QUINTO DIA

Santa Rita:
a conciliadora de Jesus Cristo

Em nome do Pai, do Filho e do Espírito Santo. Amém.

Oração inicial

Ó Santa Rita, vós que passastes pela experiência do sofrimento, ensinai-nos a entregar a Jesus crucificado os nossos fracassos e os nossos sofrimentos físicos, morais e espirituais. Vós que, diante da impossibilidade e impotência humana, entregastes a Deus todas as vossas alegrias e angústias de esposa agredida e desamada e de mãe aflita, merecendo que Deus realizasse em vossa vida sua obra admirável de reconciliação dos corações, afastai para longe de nós o desânimo de acharmos que tudo está perdido. Aumentai nossa confiança em Deus, para que ele realize em nossa vida o que humanamente nos parece impossível. Amém. (*Momento de silêncio para colocar as intenções pessoais, familiares e comunitárias.*)

Conhecendo Santa Rita

Santa Rita foi casada durante dezoito anos, ficando viúva aos 35 anos de idade. Ao contrário da mulher massacrada, confinada no recinto do lar e isolada da comunidade, Rita foi uma mulher sofrida, sim, mas altiva e participante, que acreditava na regeneração das pessoas e por isso lutava com todas as forças para mudar as situações possíveis e impossíveis, merecendo assim ser chamada de verdadeira "Conciliadora de Jesus Cristo", uma lição que aprendera com os pais, que sempre trabalharam em favor da paz das famílias e da sociedade.

Leitura bíblica

"Ainda estavam falando, quando o próprio Jesus apareceu no meio deles e lhes disse: 'A paz esteja convosco!'. Eles ficaram assustados e cheios de medo, pensando que estavam vendo um espírito. Mas ele disse: 'Por que estais preocupados, e por que tendes dúvidas no coração? Vede minhas mãos e meus pés: sou eu mesmo! Tocai em mim e vede!'" (Lc 24,36-39a).

Reflexão

1. Como estas palavras se aplicam a Santa Rita?
2. A seu ver, como se pode trabalhar pela paz na família e na comunidade?

Oração final

Ó Santa Rita, advogada das causas urgentes, socorro para os casos desesperados, eis aos vossos pés uma pessoa amargurada que precisa do vosso auxílio e proteção. Não permitais que eu tenha de me afastar de vós sem ser atendido(a). Se houver algum obstáculo que me impeça de obter a graça que imploro, auxiliai-me para que o afaste. Pelos méritos de Jesus, alcançai-me hoje a graça de que tanto necessito (*fazer o pedido*). Amém.

Pai-Nosso, Ave-Maria, Glória-ao-Pai.

Santa Rita, advogada dos casos impossíveis, rogai por nós.

SEXTO DIA

Em Deus, só em Deus, a felicidade plena

Em nome do Pai, do Filho e do Espírito Santo. Amém.

Oração inicial

Ó Santa Rita, fostes admirável porque vos santificastes vivendo o Evangelho na prática do dia a dia, como esposa, mãe, viúva e religiosa. Fazei que cheguemos à comunhão com Deus assumindo com amor a normalidade de nosso estado de vida, predispondo-nos à contínua escuta da Palavra de Deus, que nos chama à conversão e ao serviço dos irmãos e irmãs. Pelos méritos de Jesus, concedei-nos a graça de uma fé robusta e de uma esperança sólida, que nos ajude a purificar nossos sentimentos de todo orgulho e egoísmo, para que assim sejamos cada vez mais verdadeiros filhos de Deus, Pai de Misericórdia. Amém. (*Momento de silêncio para colocar as intenções pessoais, familiares e comunitárias.*)

Conhecendo Santa Rita

Santa Rita sempre encontrou em Deus a fonte de sua felicidade plena. Aprendera com os pais o sabor das coisas divinas. Ainda adolescente, montou em casa um oratório e aí se entregava à contemplação do mistério da Paixão de Jesus e à invocação dos santos.

As grutas nos arredores de Cássia, onde viviam os eremitas e penitentes, e o majestoso cenário de vales e montanhas de Rocaporena criavam uma atmosfera religiosa favorável à contemplação e à oração. Há quem afirme que a jovem Rita costumava ir a esses lugares para rezar, e, depois que ficara viúva, teria saído pelas estradas falando de Deus e convidando as pessoas à penitência e à oração.

Entretanto, o que prevalece, nessa admirável mulher, é a maneira extraordinariamente normal de viver, primeiro como jovem, esposa, mãe e viúva, depois como irmã agostiniana. Foi na aceitação consciente da vida cotidiana que ela se aproximou cada vez mais de Deus. Rita cativava a todos por sua simplicidade, sua mística, seu espírito de oração e penitência. Sua conduta valeu-lhe o respeito e a veneração de todos, sendo considerada um exemplo para as mulheres, mães e famílias.

Leitura bíblica

"Jesus mostrou-lhes as mãos e os pés. Mas eles ainda não podiam acreditar, tanta era sua alegria e sua surpresa. Então Jesus disse: 'Tendes aqui alguma coisa para comer?'. Deram-lhe um pedaço de peixe assado. Ele o tomou e comeu diante deles" (Lc 24,40-43).

Reflexão

1. Como podemos viver a presença de Deus na normalidade de nossa vida?

2. Como Jesus se apresenta em nossa vida: com prodígios ou na simplicidade e rotina do dia a dia?

Oração final

Ó Santa Rita, advogada das causas urgentes, socorro para os casos desesperados, eis aos vossos pés uma pessoa amargurada que precisa do vosso auxílio e proteção. Não permitais que eu tenha de me afastar de vós sem ser atendido(a). Se houver algum obstáculo que me impeça de obter a graça que imploro, auxiliai-me para que o afaste. Pelos méritos de Jesus, alcançai-me hoje a graça de que tanto necessito (*fazer o pedido*). Amém.

Pai-Nosso, Ave-Maria, Glória-ao-Pai.
Santa Rita, advogada dos casos impossíveis, rogai por nós.

SÉTIMO DIA

Um sonho que se realiza

Em nome do Pai, do Filho e do Espírito Santo. Amém.

Oração inicial

Ó Santa Rita, vós que buscastes em Deus a força para realizar vosso sonho de vida no tempo oportuno, não nos deixeis desistir de nossos sonhos de um amanhã melhor, pois para o Senhor nada é impossível. Intercedei junto a Deus por nós, para que sejamos perseverantes e determinados; fortalecei nosso espírito de luta e nossa coragem para enfrentarmos qualquer desafio, sabendo que ele deseja a nossa felicidade plena. Ó Santa Rita, vós que, pela ajuda de Deus e de seus santos protetores, atravessastes os portões do convento, mesmo estando trancados, por vosso intermédio, pedimos a ajuda de Deus Pai para derrubar as barreiras do orgulho e do egoísmo que nos impedem de abrir o coração às maravilhas que o Espírito Santo deseja realizar em nós. Amém. (*Momento de silêncio para colocar as intenções pessoais, familiares e comunitárias.*)

Conhecendo Santa Rita

Sem o marido e os filhos, reacendeu em Rita o sonho de dedicar sua vida a Deus. Sabia que sua condição de viúva era um empecilho à realização de seu ideal de vida, mas mesmo assim, por três vezes, bateu às portas do convento; por três vezes, lhe disseram "não". Ela, porém, tinha fé em Deus, que haveria de abrandar a resistência da superiora, a qual temia divergências entre as irmãs parentes dos assassinos do marido de Rita. No entanto, além de perdoar os assassinos, ela fizera de tudo para que as facções políticas rivais entrassem em acordo e a paz fosse restabelecida entre guelfos e gibelinos.

O seu ingresso no convento foi narrado de forma prodigiosa. Conta-se que, numa noite, ela foi transportada (se no corpo ou no espírito, não o sabemos) ao interior do convento de Santa Maria Madalena, em Cássia, por seus santos protetores – João Batista, Nicolau de Tolentino e Agostinho. O voo fora alçado do Monte Scoglio, em cujo cume há um pequeno santuário, onde até hoje, sem medir esforços na difícil escalada, milhares de devotos vão depositar seus pedidos sobre a rocha desnuda em que tantas vezes Rita se ajoelhou para rezar e que se conservou intacta no interior da igreja.

Leitura bíblica

"'Este já é o sexto mês daquela que era chamada estéril, pois para Deus nada é impossível'. Maria disse: 'Eis aqui a serva do Senhor! Faça-se em mim segundo a tua palavra'" (Lc 1,36b-38a).

"É belo louvar o Senhor e cantar a teu nome, ó Altíssimo, anunciar de manhã o teu amor, e tua fidelidade durante a noite" (Sl 92[91],2-3).

Reflexão

1. Deus é fiel. Como podemos ser fiéis a ele?
2. "Para Deus nada é impossível". Como isso se realizou na vida de santa Rita?

Oração final

Ó Santa Rita, advogada das causas urgentes, socorro para os casos desesperados, eis aos vossos pés uma pessoa amargurada que precisa do vosso auxílio e proteção. Não permitais que eu tenha de me afastar de vós sem ser atendido(a). Se houver algum obstáculo que me impeça de obter a graça que imploro, auxiliai-me para que o afaste. Pelos méritos de Jesus, alcançai-me hoje a graça de que tanto necessito (*fazer o pedido*). Amém.

Pai-Nosso, Ave-Maria, Glória-ao-Pai.

Santa Rita, advogada dos casos impossíveis, rogai por nós.

OITAVO DIA

Deus revela seu poder àqueles que o amam

Em nome do Pai, do Filho e do Espírito Santo. Amém.

Oração inicial

Ó Santa Rita, Deus realizou e continua realizando em vós uma obra admirável, que é espalhar a paz nas famílias e no mundo. Desde pequena, vivestes de maneira humilde com os humildes, sofrendo as inseguranças e os desalentos que tantas vezes passamos sem reclamar, apenas confiando em Deus, de onde virá a salvação no tempo oportuno. Ó Santa Rita, intercedei hoje por nós, que enfrentamos as dificuldades da vida, que sonhamos com dias melhores, que buscamos trabalho e dignidade. Que possamos abrir o nosso coração e a nossa mente para que Deus realize em nós a sua obra de bondade e amor. Amém. (*Momento de silêncio para colocar as intenções pessoais, familiares e comunitárias.*)

Conhecendo Santa Rita

Atualmente, Rocaporena e Cássia são visitadas por inúmeros devotos do mundo todo, que revivem o itinerário místico e espiritual de Santa Rita em busca de sua perene mensagem de paz.

Segundo a tradição, no teto da antiga casa de Rita, em Rocaporena, havia um buraco, por onde um anjo a visitava frequentemente quando ela orava, tornando-se vã qualquer tentativa de fechá-lo. Durante o terremoto de 1599, sua casa foi a única a se conservar intacta em meio aos escombros. É nessa casa também que se encontra o jardim onde havia uma roseira, que florescia no inverno, e uma figueira que dava frutos também nessa estação.

Também Cássia, para onde acorrem inúmeros devotos para agradecer favores recebidos, guarda até hoje traços vivos da história de Santa Rita. É ali também que se pode venerar seu corpo, intacto durante séculos.

Leitura bíblica

"Em verdade, em verdade, vos digo: quem crê em mim fará as obras que eu faço, e fará ainda maiores do que estas. Pois eu vou para o Pai. E o que pedirdes em meu nome, eu o farei, a fim de que o Pai seja glorificado no Filho. Se pedirdes algo em meu nome, eu o farei" (Jo 14,12-14a).

Reflexão

1. Como você aplicaria esta passagem à vida de Santa Rita?

2. O que você mais admira nela?

Oração final

Ó Santa Rita, advogada das causas urgentes, socorro para os casos desesperados, eis aos vossos pés uma pessoa amargurada que precisa do vosso auxílio e proteção. Não permitais que eu tenha de me afastar de vós sem ser atendido(a). Se houver algum obstáculo que me impeça de obter a graça que imploro, auxiliai-me para que o afaste. Pelos méritos de Jesus, alcançai-me hoje a graça de que tanto necessito (*fazer o pedido*). Amém.

Pai-Nosso, Ave-Maria, Glória-ao-Pai.

Santa Rita, advogada dos casos impossíveis, rogai por nós.

NONO DIA

Santa Rita: unida à Paixão de Cristo

Em nome do Pai, do Filho e do Espírito Santo. Amém.

Oração inicial

Ó Santa Rita, vós que vivestes intimamente unida à Paixão de Jesus, intercedei junto a Deus por nós, para que acolhamos no coração aquele que por nós foi crucificado. Vós que tomastes parte, em vida, do mistério pascal e trouxestes na fronte a marca da Paixão, alcançando alto grau de intimidade com Jesus, dai-nos a graça de estarmos sempre unidos ao Senhor, mediante uma vida de oração e doação às pessoas. Vós que merecestes que rosas vermelhas desabrochassem em pleno inverno, concedei-nos a graça de confiar em Deus, de amá-lo e louvá-lo em todos os instantes de nossa vida. Amém. (*Momento de silêncio para colocar as intenções pessoais, familiares e comunitárias.*)

Conhecendo Santa Rita

Santa Rita tinha aproximadamente 35 anos quando entrou para o convento, aí vivendo até sua morte, aos 70 anos.

Na Semana Santa de 1443, Rita assistiu à pregação de São Tiago della Marca sobre a Paixão de Cristo. Tamanha foi a sua emoção que, certa noite, imersa em oração no silêncio de sua cela, ela teve cravado em sua fronte um dos espinhos da coroa de Jesus. Por volta de quinze anos carregou esse estigma como sinal de um amor oferente a Deus. A ferida tinha aspecto repulsivo e dela exalava odor desagradável, o que a fez viver o resto de seus dias isolada em sua cela. Já quase não se alimentava e apenas encontrava conforto e alimento na Eucaristia.

O sofrimento a acompanhou dia e noite, sem trégua, mas foi por ela transformado em fonte de graça e de comunhão com Jesus. Pouco antes de morrer, após ter sido consolada por Jesus e Maria, serena, pediu que lhe trouxessem rosas do jardim de sua casa. Não só encontraram lindas rosas vermelhas em pleno e rigoroso inverno, como também suculentos figos. Ao exalar o último suspiro, no dia 22 de maio de 1457, uma intensa luz iluminou sua cela e seu corpo, minado pela penitência, o qual recobrou frescor divinal, mantendo-se intacto mesmo após sua morte.

Embora tenha sido canonizada apenas em 1900, seu culto se espalhou por todo o mundo e o número de devotos cresce a cada dia, mostrando a maravilhosa obra de Deus em seus santos.

Leitura bíblica

"Não vos deixarei órfãos: eu voltarei a vós. Ainda um pouco de tempo e o mundo não mais me verá; mas vós me vereis, porque eu vivo, e vós vivereis. Naquele dia sabereis que eu estou no meu Pai, e vós em mim, e eu em vós. Quem acolhe e observa os meus mandamentos, esse me ama. Ora, quem me ama será amado por meu Pai, e eu o amarei e me manifestarei a ele" (Jo 14,18-21).

Reflexão

1. Como é a nossa confiança em Deus no sofrimento?
2. Você compreende o que é amar a Deus de todo o coração?

Oração final

Ó Santa Rita, advogada das causas urgentes, socorro para os casos desesperados, eis aos vossos pés uma pessoa amargurada que precisa do vosso auxílio e proteção. Não permitais que eu tenha de me afastar de vós sem ser atendido(a). Se houver algum obstáculo que me impeça de obter a graça que imploro, auxiliai-me para que o afaste. Pelos méritos de Jesus, alcançai-me hoje a graça de que tanto necessito (*fazer o pedido*). Amém.

Pai-Nosso, Ave-Maria, Glória-ao-Pai.

Santa Rita, advogada dos casos impossíveis, rogai por nós.

Prece a Santa Rita para pedir fé

Deus, nosso Pai, diante da falta de fé de seus discípulos, Jesus, vosso Filho, disse um dia: "Tende fé em Deus. Em verdade, vos digo: se alguém disser a esta montanha: 'Arranca-te e joga-te no mar', sem duvidar no coração, mas acreditando que vai acontecer, então acontecerá. Por isso, vos digo: tudo o que pedirdes na oração, crede que já o recebestes, e vos será concedido" (Mc 11,22-24).

Por intercessão de Santa Rita, advogada das causas perdidas e santa das coisas impossíveis, aumentai e fortalecei em nós o dom da fé. E quando estivermos confusos, temerosos, aflitos e desesperados, quando julgarmos que tudo está perdido, acendei em nosso coração a chama da confiança, pois o Senhor é fiel, vossa Palavra é eficaz e jamais decepciona.

Salmo em Ação de Graças

Quero te dar graças, Senhor, de todo o coração, proclamar todas as tuas maravilhas, alegrar-me e exultar em ti, cantar salmos ao teu nome, ó Altíssimo. Os meus inimigos recuaram, da tua presença fugiram e pereceram. Pois sustentaste meu direito e minha causa, sentaste no teu trono como justo juiz.

O Senhor será uma fortaleza para o oprimido, uma fortaleza nos tempos de angústia. Confiará em ti quem conhece teu nome, pois nunca abandonas os que te buscam, Senhor. Cantai salmos ao Senhor que habita em Sião, anunciai entre as nações as suas obras (Sl 9[9A], 1-5.10-12).

NOSSAS DEVOÇÕES
(Origem das novenas)

De onde vem a prática católica das novenas? Entre outras, podemos dar duas respostas: uma histórica, outra alegórica.

Historicamente, na Bíblia, no início do livro dos Atos dos Apóstolos, lê-se que, passados quarenta dias de sua morte na Cruz e de sua ressurreição, Jesus subiu aos céus, prometendo aos discípulos que enviaria o Espírito Santo, que lhes foi comunicado no dia de Pentecostes.

Entre a ascensão de Jesus ao céu e a descida do Espírito Santo, passaram-se nove dias. A comunidade cristã ficou reunida em torno de Maria, de algumas mulheres e dos apóstolos. Foi a primeira novena cristã. Hoje, ainda a repetimos todos os anos, orando, de modo especial, pela unidade dos cristãos. É o padrão de todas as outras novenas.

A novena é uma série de nove dias seguidos em que louvamos a Deus por suas maravilhas, em particular, pelos santos, por cuja intercessão nos são distribuídos tantos dons.

Alegoricamente, a novena é antes de tudo um ato de louvor ao Pai, ao Filho e ao Espírito Santo, Deus três vezes Santo. Três é número perfeito. Três vezes três, nove. A novena é louvor perfeito à Trindade. A prática de nove dias de oração, louvor e súplica confirma de maneira extraordinária nossa fé em Deus que nos salva, por intermédio de Jesus, de Maria e dos santos.

O Concílio Vaticano II afirma: "Assim como a comunhão cristã entre os que caminham na terra nos aproxima mais de Cristo, também o convívio com os santos nos une a Cristo, fonte e cabeça de que provêm todas as graças e a própria vida do povo de Deus" (*Lumen Gentium*, 50).

Nossas Devoções procura alimentar o convívio com Jesus, Maria e os santos, para nos tornarmos cada dia mais próximos de Cristo, que nos enriquece com os dons do Espírito e com todas as graças de que necessitamos.

Francisco Catão

Coleção Nossas Devoções

- *A Senhora da Piedade*. Setenário das dores de Maria – Aparecida Matilde Alves
- *Albertina Berkenbrock*. Novena e biografia – Sérgio Jeremias de Souza
- *Divino Espírito Santo*. Novena para a contemplação de dons e frutos – Mons. Natalício José Weschenfelder e Valdecir Bressani
- *Dulce dos Pobres*. Novena e biografia – Marina Mendonça
- *Frei Galvão*. Novena e história – Pe. Paulo Saraiva
- *Imaculada Conceição*. Novena ecumênica – Francisco Catão
- *Jesus, Senhor da vida*. Dezoito orações de cura – Francisco Catão
- *João Paulo II*. Novena, história e orações – Aparecida Matilde Alves
- *João XXIII*. Biografia e novena – Marina Mendonça
- *Maria, Mãe de Jesus e Mãe da humanidade*. Novena e coroação de Nossa Senhora – Aparecida Matilde Alves
- *Menino Jesus de Praga*. História e novena – Giovanni Marques
- *Nhá Chica*. Novena, história e orações – Aparecida Matilde Alves
- *Nossa Senhora Achiropita*. Novena e biografia – Antonio S. Bogaz e Rodinei Thomazella
- *Nossa Senhora Aparecida*. História e novena – Maria Belém
- *Nossa Senhora da Cabeça*. História e novena – Mario Basacchi
- *Nossa Senhora da Luz*. Novena e história – Maria Belém
- *Nossa Senhora da Penha*. Novena e história – Maria Belém
- *Nossa Senhora da Salete*. História e novena – Aparecida Matilde Alves
- *Nossa Senhora das Graças ou Medalha Milagrosa*. Novena e origem da devoção – Mario Basacchi
- *Nossa Senhora de Caravaggio*. História e novena – Pe. Volmir Comparin e Pe. Leomar Antônio Brustolin
- *Nossa Senhora de Fátima*. Novena e história das aparições aos três pastorzinhos – Mons. Natalício José Weschenfelder
- *Nossa Senhora de Guadalupe*. Novena e história das aparições a São Juan Diego – Maria Belém
- *Nossa Senhora de Lourdes*. – Tarcila Tommasi
- *Nossa Senhora de Nazaré*. Novena e história – Maria Belém

- *Nossa Senhora Desatadora dos Nós*. História e novena – Frei Zeca
- *Nossa Senhora do Bom Parto*. Novena e reflexões bíblicas – Mario Basacchi
- *Nossa Senhora do Carmo*. Novena e história – Maria Belém
- *Nossa Senhora do Desterro*. História e novena – Celina H. Weschenfelder
- *Nossa Senhora do Perpétuo Socorro*. História e novena – Mario Basacchi
- *Nossa Senhora Rainha da Paz*. História e novena – Celina Helena Weschenfelder
- *Novena à Divina Misericórdia*. Santa Maria Faustina Kowaslka, história e orações – Tarcila Tommasi
- *Novena do Bom Jesus* – Francisco Catão
- *Novena das Rosas*. História e novena a Santa Teresinha do Menino Jesus – Aparecida Matilde Alves
- *Ofício da Imaculada Conceição*. Orações, hinos e reflexões – Cristóvão Dworak
- *Orações do cristão*. Preces diárias – Celina H. Weschenfelder (org.)
- *Padre Pio*. Novena e história – Maria Belém
- *Paulo, homem de Deus*. Novena de São Paulo, Apóstolo – Francisco Catão
- *Reunidos pela força do Espírito Santo*. Novena de Pentecostes – Tarcila Tommasi
- *Rosário por uma transformação espiritual e psicológica* – Gustavo E. Jamut
- *Rosário dos enfermos* – Aparecida Matilde Alves, fsp
- *Sagrada face*. História, novena e devocionário – Giovanni Marques
- *Sagrada Família*. Novena – Pe. Paulo Saraiva
- *Sant'Ana*. Novena e história – Maria Belém
- *Santa Cecília*. Novena e história – Frei Zeca
- *Santa Edwiges*. Novena e biografia – J. Alves
- *Santa Filomena*. História e novena – Mario Basacchi
- *Santa Joana d'Arc*. Novena e biografia – Francisco de Castro
- *Santa Luzia*. Novena e biografia – J. Alves
- *Santa Paulina*. Novena e biografia – J. Alves

- *Santa Rita de Cássia*. Novena e biografia – J. Alves
- *Santa Teresinha do Menino Jesus*. Novena e biografia – Mario Basacchi
- *Santo Afonso de Ligório*. Novena e biografia – Mario Basacchi
- *Santo Antônio*. Novena, trezena e responsório – Mario Basacchi
- *Santo Expedito*. Novena e dados biográficos – Francisco Catão
- *São Benedito*. Novena e biografia – J. Alves
- *São Bento*. História e novena – Francisco Catão
- *São Cosme e São Damião*. Biografia e novena – Mario Basacchi
- *São Cristóvão*. História e novena – Pe. Mário José Neto
- *São Francisco de Assis*. Novena e biografia – Mario Basacchi
- *São Geraldo Majela*. Novena e biografia – J. Alves
- *São Guido Maria Conforti*. Novena e biografia – Gabriel Guarnieri
- *São José*. História e novena – Aparecida Matilde Alves
- *São Judas Tadeu*. História e novena – Maria Belém
- *São Marcelino Champagnat*. Novena e biografia – Ir. Egídio Luiz Setti
- *São Miguel Arcanjo*. Novena – Francisco Catão
- *São Pedro, Apóstolo*. Novena e biografia – Maria Belém
- *São Sebastião*. Novena e biografia – Mario Basacchi
- *São Tarcísio*. Novena e biografia – Frei Zeca
- *São Vito, mártir*. História e novena – Mario Basacchi
- *Tiago Alberione*. Novena e biografia – Maria Belém

Rua Dona Inácia Uchoa, 62
04110-020 – São Paulo – SP (Brasil)
Tel.: (11) 2125-3500
http://www.paulinas.com.br – editora@paulinas.com.br
Telemarketing e SAC: 0800-7010081